AF256006